CATALOGUE

DE

LIVRES RARES

ET DE

MANUSCRITS

PRÉCIEUX

CATALOGUE

DE

LIVRES RARES

ET DE

MANUSCRITS

PRÉCIEUX

CATALOGUE

DE

LIVRES RARES

PARMI LESQUELS ON REMARQUE

LA BIBLE MAZARINE

Premier livre imprimé par Gutenberg

ET DE

MANUSCRITS

DU IXe AU XVIIIe SIÈCLE

RÉDIGÉ

PAR M. BACHELIN-DEFLORENNE

La Vente aura lieu le Samedi 1er juin 1878, à 2 heures précises

HOTEL DES COMMISSAIRES-PRISEURS, RUE DROUOT

SALLE N° 5

Par le ministère de M° BOULLAND, *commissaire-priseur*
26, *rue Neuve-des-Petits-Champs*

PARIS

A^{ne} LIBRAIRIE BACHELIN-DEFLORENNE

Émile LECAT et Cie successeurs

10, BOULEVARD DES CAPUCINES, 10

ET PLACE DE L'OPÉRA, 8

—

1878

ORDRE DE LA VACATION

23 — 69
2 — 22
1 — (*Bibl. Mazarine.*)

EXPOSITION PUBLIQUE

A partir du 20 mai, chaque jour, de 2 heures à 4 heures, à l'ancienne librairie BACHELIN-DEFLORENNE, 10, Boulevard des Capucines, et le jour de la vente, de 1 heure à 2 heures, à l'hôtel Drouot.

CATALOGUE
DE
LIVRES RARES
ET DE
MANUSCRITS
PRÉCIEUX

IMPRIMÉS

1. BIBLIA SACRA LATINA e versione et cum præfatione S. Hieronimi. *S. l. n. d.* (*Moguntiæ, per Gutenberg et Fust, circa* 1450-1455). 2 vol. in-fol., veau, fers à froid sur les plats, fragment de chaîne en fer. (*Rel. originale.*)

<small>PREMIÈRE ÉDITION DE L'ÉCRITURE SAINTE ET LE PREMIER LIVRE EXÉCUTÉ EN CARACTÈRES DE MÉTAL PAR LES INVENTEURS DE L'IMPRIMERIE GUTENBERG ET FUST.</small>

<small>Très-bel exemplaire sur PEAU DE VÉLIN, avec bordures et lettres onciales peintes, plus 135 MINIATURES finement</small>

exécutées et couvrant une partie des marges de ces deux volumes.

Cette édition est généralement connue sous le nom de BIBLE MAZARINE, parce que le premier exemplaire connu est celui qui figurait dans la bibliothèque du cardinal Mazarin. Elle est imprimée à deux colonnes, en lettres dites de forme. Chaque colonne contient 42 lignes de texte, sauf pour les huit premières pages, qui contiennent 40 lignes, et les neuvième et dixième 41 lignes. Quelques bibliographes la citent également sous le nom de *Bible de 42 lignes*.

On ne connaît que sept exemplaires sur peau de vélin de ce précieux monument de l'imprimerie, y compris celui-ci. L'exemplaire de la vente Perkins vendu en 1873 et qui a été adjugé à M. Ellis, libraire de Londres, au prix de 85,000 francs, avait quatre feuillets refaits (officiellement annoncés) et de nombreux raccommodages. Le nôtre n'est incomplet que d'un feuillet, qui a été refait en perfection par M. Pilinsky, à qui les raccommodages ont été confiés également.

On sait que cette première édition de la Bible et un véritable chef-d'œuvre de typographie.

2. BIBLIA LATINA (cum glossa ordinaria Walafridi Strabonis et interlineari Anselmi Laudunensis). S. l. n. d. (*circa* 1480). 4 part. en 3 vol. gr. in-fol., rel. à ais de bois recouv. de v. estampé. (*Reliure du temps, fatiguée.*)

Précieuse édition, la première de la Bible avec le commentaire imprimé autour du texte. Selon Hain, elle fut imprimée à Bâle vers 1480. Elle est sans lieu, sans date et sans chiffres, mais elle a des signatures. On sait que Berthold Roth, natif de Hanau et ouvrier de Gutenberg, importa l'art de l'imprimerie à Bâle, où il publia de 1462 à 1474 plusieurs ouvrages. Notre Bible sort-elle de ses ateliers? Nous ne saurions l'affirmer. Qu'il nous suffise de dire que le texte est imprimé à la perfection, sur papier fort, en belles lettres de forme, et que les commentaires sont en gothique de plus petite grandeur. Hain indique 1,209 feuillets pour cette Bible, qui en a 1,229 dans notre exemplaire, y compris deux feuillets blancs.

Exempl. grand de marges et en parfaite condition.

3. GREGORIUS IX, papa. Decretalium. (In fine:) Liber Sextus decretalium magna cura atqz diligētia emen-

datus : ac impressus p. Jo. an. de honate : Impensis nobiliû viroruz d. Petri an. de Castelliono : et Ambrosij de Caymis. *Mediolanensiuʒ* explicit feliciter, 1482. In-fol. gothique, ais de bois. (*Dérelié.*)

<small>Exemplaire sur papier, incomplet du premier feuillet. Piqûres de ver à la fin du volume. Grandes marges.</small>

4. GREGORIUS IX, papa. Compilatio decretalium. (In fine :) *Impressum Venetiis, per Paganinus de Paganinis*, 1489. In-fol., rel. à ais de bois recouv. de peau de m. (*Notes marginales, piq. de vers.*)

<small>Exemplaire sur papier, à toutes marges, de cette belle édition imprimée à deux colonnes.</small>

5. DIGESTUM VETUS quinquaginta libror. pâdectarum primus tomus XXIII libros continens ; maiore longe ac nuper impressum sedulitate subjecta complectitur. (In fine :) *Sumptibus autem et impensis honesti viri Johannis Petit ejusqʒ Andree Boucard, bibliopolarum parhisiensi... anno* 1513. Petit-in-4 goth., vélin.

<small>Très-bel exemplaire, impression rouge et noire.</small>

6. INFORTIATUM quod decem et quatuor continens libros pandectarum est medium : per vigili jurisperitorû ac impressoris exactiore cura rursus exculptû hec côprehêdit. (In fine :) *sumptibus ante Johannis parvi (sic, marque de Jehan Petit au premier f.),* 1515. Petit in-4 goth., vélin.

<small>Bel exemplaire.</small>

7. CODICIS HUJUS ÎPERIALIS rursus et multo quidem diligentius ut a tergo patebit recogniti argumentum. (In fine :) *Codex legalis Justiniani... impensis honnesti Johanes Petit,* 1516. In-4 goth., vélin.

8. LECTIONARIUM... (In fine :) *Impressum devotissimo monasterio beate Marie de Monteserrato, anno* 1523. In-fol., v. (*Reliure abîmée.*)

> Exemplaire sur peau de vélin d'une édition très-rare. Les cinquante premiers feuillets sont pourris dans le haut des marges; mais le texte est en général intact. Une marque enlevée au dernier feuillet. Ce précieux volume peut être facilement réparé.

9. LECTIONARIUM sanctorale secundum consuetudinez Monachorum nigrorum de observantia ordinis almi Patris Benedicti congreationis ejusdê sancti Benedicti Vallisoletani. *In monasterio btê Marie de Monteserrato ejusdê ordinis et Çgregatiôis Impssuz.* (In fine :) *Impressum in devotissimo Monasterio beate Marie de Monteserrato, Vicensis diocesis...* 1524. In-fol., rel. à ais de bois rec. de v. est. (*Rel. fat.*)

> Exemplaire sur peau de *vélin*. Belle impression en rouge et noir, exécutée au monastère de Montserrat, en lettres de forme, sur deux colonnes, avec figures sur bois dans le texte. Le volume a souffert de l'humidité, mais dans la marge inférieure seulement et sans que le texte soit atteint.
>
> La typographie fut introduite en Catalogne, à l'abbaye de Montserrat, par l'Allemand *Johann Luschner*, dont la première production date de 1499. En 1518 les Bénédictins remplacèrent cet imprimeur par un autre Allemand, *maestre Juan Rosenbuch*.

10. Le même ouvrage, *même édition*. In-fol., v. (*Rel. fat.*)

> Exemplaire sur papier, incomplet du premier feuillet et de la moitié du dernier.

11. BREVARIU MONASTICUM secundum consuetudinem ordinis sancti Benedicti de observantia congregationis Cœnobii sancti Benedicti. Vallisoletani, ex decreto capituli generalis anni 1538. *Excusum apud insigne sanctorum martyrum facundi et primitivi cœnobiuni. Didacus Fernandez de Cordova excudebat.* (In fine :)

Impressum in cœnobio sanctorû martyrû facundi et primitivi 1542. In-4, v. est.

12. SILVEIRA (Miguel de). El Macabeo, poema heroico. *En Napoles, por Egidio Longo, stampador Real,* 1638. Petit in-4, vélin, front. gravé, *fig. en taille-douce en regard du* 1er *f.* (Quelques piq.)

> Cet ouvrage est mentionné par Brunet, qui cite la réimpression de Madrid et ne donne aucune adjudication pour cette édition originale.

13. RELACION DEL EXEMPLAR castigo que embio dios a la ciudad de Lima, cabeça del Perù, y à su costa de Barlovento, con los espantosos temblores del dia 20 de octubre del ano de 1687. *En Lima, por Joseph dé Contreras,* 1687. Petit in-4, 4 ff., non rel.

> Cette pièce renferme de très-curieux détails sur le tremblement de terre de Lima en 1687.

14. PAPELES VARIOS ET CURIOSOS. Manuscrits et imprimés, réunis en 22 vol. in-8 et in-fol., vél.

> Voici l'indication de quelques-unes des pièces curieuses qui se trouvent réunies dans ces 22 volumes : *Breve compendio de las inumbrables lamentables ruinas, y lastimosos estragos, que a la violencia, conjuracion de todos quatro elementos experimento la gran ciudad y corte de Lisboa el dia* 1 *de Noviembre de* 1755. Sevilla, 1755. — *Regocidos publicos de la imperial y coronada villa de Madrid en la plausible Real entrada en ella de su catholico Monarca Don Carlos III, explicados por Don Francisco Mariano Nipho.* Madrid, s. d — *Profecia politica verificada en lo que està sucediendo à los Portugueses por su ciega aficion à los Ingleses :* hecha luego despues del Tarremoto del ano de mil sete cientos cinquenta y cinco. Madrid, 1762 — *Consideraciones de un pecador retirado a la soledad, por Don Diego Rojen, Romance.* En Madrid, 1762. — *Carta que escrive un Portugues vecino de la villa de Chabes, à otro amigo suyo vecino de la ciudad de Lisboa, haciendo le relacion de como el dia* 21 *de Mayo de este presente ano de* 1762. Se tomo aquella plaza y su cas-

tillo, con todos los viveres, municiones, y pertrechos de guerra, por las Catholicas Armas de nuestro Monarca Don Tercero, dandole parte de la retirada que hizo el general de las armas que estaba en ella. Con otras verdaderas noticias que verà el discreto en esta relacion. En Salamanca, s. d. (Pièce en vers.)
— *Ofrecimientos festivos, que en aplauso del sobresaliente ingenio del doctor Don Diego Cernadas, escrivia en un romance, y decimas, su apasionado Don Diego Rejon de Sylva: y la repuesta que en el mismo estilo y un soneto le embio en otro el expressado Cernadas.* En Madrid, s. d. — *Mandement de l'archevêque de Paris, portant condamnation d'un livre qui a pour titre* : Émile ou de l'Éducation, par J. J. Rousseau, citoyen de Genève. Paris, 1762. — *El promotor de la salud de los hombres, sin dispendio el menor de sus caudales: admirable methodo de curar todo mal con brevedad, seguridad, y a placer, dissertacion historico-pratica, en que se establece el agua por remedio universal de las dolencias, escrita por el doctor Don Vincente Perez.* Madrid, s. d. — *El secreto a voces. Arcanidades de los polvos de Aix, en la Provenza, descubiertas à los embaces del Agua, diseccion anathomica de las partes de que si componen estos polvos, y razon primordial de sus efectos : hecha por el doct. D. Vincente Perez.* En Madrid, 1753. — *La Verdad desnuda : Arcanidades de el medico de si mismo, descubiertas à la luz de el desengano, por el doctor D. Joseph Ignacio Carvallo.* En Madrid, 1757. — *El medico de si mismo, modo practico de curar toda dolencia con el vario i admirable uso de el Agua dispuesta por el doctor Don Joseph Ignacio Carballo Nunez de Castro.* En Madrid, s. d. — *Sobre el medico (vulgarmente) de el agua sueno jocoso, noticias de Galeno y carta del otro mundo, por Don Antonio Aguilar.* En Madrid, 1753. (En vers.) — *Romance heroyco, y glossa, de una quintilla que con el motivo de la justamente llorada perdida, de nuestra Augusta soberana la Senora Dona Maria Amelia de Saxonia, escrivia D. Joseph Joachin Benegasi.* En Madrid, 1768. — *El Dolor Rey. Sentimento de N. Catholico monarcha el senor D. Fernando VI el justo, en la sensible muerte de nuestra Reyna, y Senora Dona Maria Barbara de Portugal, pompa funebre que à la memoria desta Heroyna, dispuso en Goathemala, el Sr D. D. Manuel Diaz.* Impresso en Goatemala, 1755. (Fig.) — *Sermon funebre, que, en las sumptuosas y merecidas honras, que la mui noble, y leal ciudad de Goathemala hizo a la immortal memoria de su Reyna Dona Maria Barbara de Portugal, predico el P. Manuel Mariano de Iturriaga, de la compania de Jesus,*

Impresso en Goatemala, s. d. — *Plan compendioso, bien que diminuto, de las sobresabientes heroicas vertudes de la muy augusta y muy amable Reyna Dona Maria Amalia de Saxonia, para ponerse en el magnifico tumulo que la Sta Iglesia de Santiago de Galicia erige por sus reales exequias.* En Madrid, 1760. — *Cartas attasadas del Parnasso, que contienen noticias de las fiestas que celebro la Imperial y coronada villa de Madrid en la plausible felix entrada de nostros catholicos Monarcas, los SS. Don Carlos III y Dona Maria Amelia. Descripcion de la carrera.* Manuscrit. — *Historia de Gabriel de Espinosa, pastelero de Madrigal, que fingio ser el rey Don Sebastian de Portugal. Y assimismo la de fray Miguel de los Santos, en el ano de* 1595. S. l. n. d. — *Villancicos, que se han de cantar la noche de Navidad en la iglesia del imperial real colegio de la compania de Jesus de esta corte, en este ano de* 1760. En Madrid, 1760. — *Carta instructiva, moral, y erudita, en prosa y metros diferentes, sobre argumento utilissimo a todas las personas de distincion, y tan secundo, que se irà continuando en otras diferentes, escrivialas D. Joseph Joachin Benegassi.* En Madrid, s. d. — *Diario estrangero, noticias importantes, y gustosas para los verdaderos apassionados de Artes y Ciencias, etc., por D. Francisco Mariano Nipho.* Madrid, 1763. — *Epilogador del cielo y gacetilla de la tierra, que contiene en poco papel muchas novedades, que precisamente se han dever alla arriba, y muchos sucessos, que las prudentes conjeturas deben esperar acabajo. Se lo cuenta y se lo participa todo al doctor Don Diego de Torre Villarroel.* Madrid, s. d. — *Historia verdadera, en que se trata de la vida y valerosos hechos de el mas valiente Andaluz Francisco Estevan de Castro, natural de la ciudad de Lucena, recopilada por un companero suyo.* Sevilla, s. d. — *Noticia individual, que prescribe los lucidos aparatos con que la coronada villa de Madrid, en el dia* 11 *de septiembre del ano de* 1759, *celebro el acto de proclamacion de nuestro catholico monarcha Don Carlos III, compuesta en prosa, y varias especies de verso, por Don Juan Miranda.* Madrid, s. d. — *Diario del sitio de la plaza de Almeyda.* S. l. n. d. — *Octavas reales que canta Dona Francisca Ossorio a la S. R. M. de nuestro amado monarcha Carlos III en su primer venido a el Real Sitio de Aranjuez.* Madrid, 1760. — *Extracto de los autos formados de orden del senor Governador, provisor, y vicario general de la Abadìa de Alcala la Real, por el senor cardinal de La Cerda, sobre la justificacion de el caso de un nino que, baptizandole en la iglesia parroquial de la villa de*

Priego, prononcio tres veces, clara y distintamente la palabra Amen : *sacado de los autos originales, formados en dicha villa.* Madrid, s. d. — *Guia de Forasteros y methodo economico con que pueden governarse todos los que vinieren a esta corte, con el motivo de las fiestas que se previenen para la coronacion de N. catholico monarca el senor Don Carlos III, compuesta por D. Juan Joseph Saabedra Ceron.* Madrid, 1760.
— *Lastimosos ayes, melancolicos sospiros, y tristes sollozos, que en la sentida muerte del Exc^{mo} Senor D. Luis de Cordova y la Cerda, duque de Medina-Cœli, escrivialos Don Antonio Valladares de Soto-Mayor.* Madrid, 1768. — *Lacrimas que vierte una alma arrepentida a la hore de la muerte a los piés de Christo crucificado, de Don Pedro Calderon de la Barca.* Madrid, 1762. — *Triunfo del Amor y de la Lealtad, dia grande de Navarra en la festiva, pronta, gloriosa aclamacion del Serenissimo catholico Rey Don Fernando II de Navarra, y VI de Castilla, executada en la real imperial corte de Pamplona, en el dia de 21 de Agosto 1746, escribiala el R. P. Joseph Francesco de Isla.* Madrid, s. d. — *Relacion de los sacrilegos hurtos, y enormissimos desacatos, con que han profanado los Griegos en Jerusalem el templo del Santissimo Sepulchro de Nuestro redemptor Jesu-Christo.* S. l. n. d. — *Joco-Seria Mascara, que la muy noble y muy leal coronada villa de Madrid, celebro a sus expensa y a las de sus Gremios menores; manifestando lealtad, y gozo a los reales pies de su soberano catholico monarca Don Carlos Tercero, por el casamiento de su amado hijo nuestro principe y Senor Don Carlos Antonio con Dona Maria Luisa de Borbon.* Madrid, 1765.
— *Veridica y cierta noticia del renido encuentro y batalla, que en las cercanias de Guastala, tuvieron el dia diez y nueve del mes de Septiembre, las armas y tropas coligadas de Francia y Cerdena, con el campo de los Imperiales, donde se especifica la duracion de dicho ataque y reencuentro, y como fueron sobstenidos y rechazados los Franceses y Sardos por tres voces, y como a el fin estos derrotaron el campo de Alemania enteramente, que dando duenos de victoria y despojos inumerables.* S. l. n. d. — *Relacion puntual de la feliz victoria, que el exercito combinado de Espana y Francia, mandado por el serenissimo Senor Infante Don Philippe, consiguio sobre el Austro-Sardo el dia 30 de Septiembre de 1744, en el campo de Coni.* S. l. n. d. — *Relacion y consulta hecha a su beatitud, sobre lo sucedido en esta corte, y sus contornos, con las tropas de los aliados, mandadas por el conde de Estaremberg, baxo las ordenes de el archiduque don Carlos di Austria.* S. l.

n. d. — *Relacion diara y singular de la gran batalla que dieron las armas de el Rey nuestro senor en los campos de Almansa, el dia 25 de Abril de este ano de 1707, hasta la feliz restitucion de las Reynes de Talencia y Aragon, y todo lo sucedido hasta el dia de oy 14 de Julio, con la lista de prisioneros y heridos de los enemigos.* Madrid, 1707. — *Diario puntual de los sucessos del sitio de Barcelona, y exercito de Cataluna, desde el dia cinco de Junio hasta cinco de Agosto, que se esta continuando el assedio. Respuesta que da el apassionado de Guerero a la impugnacion del Numen Satyrico, en que, tan sin fundamento, sostiene y ratifica las impugnaciones contra el Saynete, Romance,* etc., etc.

Ensemble 363 pièces dont 222 imprimées et 141 manuscrites.

2.

MANUSCRITS

15. ISIDORUS (S.). Ethimologiorum lib. XX. *Manuscrit* du IXe au Xe siècle. In-fol., reliure à ais de bois rec. de peau de mouton.

Ce précieux manuscrit, sur peau de vélin, est écrit à deux colonnes, en lettres minuscules, avec les titres de chapitres en lettres majuscules. Ces vingt livres d'*Étymologies* ont été retouchés et mis en ordre par Braulion, évêque de Saragosse, qui avait été le disciple de saint Isidore de Séville. On sait que saint Isidore fut l'une des principales lumières de l'Église d'Espagne au VIe siècle : il fut le restaurateur de la discipline et le modèle du clergé. Ses ouvrages sont nombreux : celui des *Étymologies* est une espèce d'encyclopédie qui renferme, en substance, tout ce qui composait l'érudition du temps. On y trouve de curieuses dissertations sur la grammaire, les mathématiques, l'astronomie, la géographie, la musique, la médecine, la législation, etc.

Notre manuscrit contient 385 feuillets, soit 770 pages d'une conservation aussi parfaite que possible pour un livre de cet âge. Il est enrichi, au commencement, de 24 motifs d'ornementation à pleines pages et de la plus grande beauté. (*Voir fac-simile, pl. n° 1.*) Dans le corps du manuscrit, on remarque de nombreuses et remarquables lettres onciales d'un caractère très-pittoresque. A la page 293 se trouve une figure bizarre de l'homme anatomique. Signalons encore les figures de géométrie, de géographie (*Voir la fig. 3, pl. 4, représentant la la terre*), etc., qui se retrouvent en marge ou au milieu des chapitres *ad hoc*. Le livre XX a été placé, par erreur, entre les livres VIII et IX. Le volume est terminé par une suscription en lettres rouges où il est dit que ce manuscrit a été achevé sous le règne de *Sanche*. Nous pensons qu'il s'agit de Sanche Ier, roi de Navarre, surnommé *Garcias*, qui monta sur le trône en 885, se retira en 919 dans le monastère de Leyre, et mourut en 926, emportant le respect et l'estime de ses sujets.

Au recto du feuillet 2 on lit, d'une écriture du siècle dernier, cette note indiquant la provenance du manuscrit :

Esto libro es del monasterio de Sancto Domingo de Silos.

16. VIE DES SAINTS ET MARTYRS. *Manuscrit* sur vélin. 3 forts vol. in-fol., rel. à ais de bois recouv. de peau de mouton. (*Quelques feuillets enlevés à chaque volume.*)

Précieux manuscrit du Xe siècle, d'une belle écriture wisigothique, minuscule pour le texte et majuscule pour les titres des chapitres. On compte dans le premier volume 34 lettres ornées, dont quelques-unes à mi-page (*Voir les fac-simile, pl.* 2, n°s 1 et 2), d'une ornementation remarquable, composée d'enlacements, de treillis et de têtes d'animaux. Le texte est à deux colonnes. En 1772 on a numéroté les feuillets qui restaient : le premier volume en compte 280, le second 323 et le troisième 251.

Dans les second et troisième volumes, on ne trouve plus les belles lettres ornées qui enrichissent le premier tome, mais on y remarque quantités de lettres onciales de diverses couleurs.

A la page 225 du troisième volume on lit cette curieuse inscription en lettres majuscules :

Offert citi famulo Dei liber isto ad sancti Pelagii et ad sanctuario qui ibidem sunt in Baldem· de Aballano, in era 5030 (ce qui correspond à l'année du Christ 992) Duans Abba.

17. BREVIARIUM cum officio proprio S. P. Nri Dominici Silencis. *Manuscrit* du XIe siècle. Petit in-fol., reliure à ais de bois recouv. de peau de mouton.

Manuscrit sur vélin, très-précieux au double point de vue de la *musique de neumes* qui remplit le volume, et des *grandes lettres ornées* qui ornent les têtes de chapitre. (*Voir fac-simile, pl.* 6.) Ces lettres, d'une ornementation riche et variée, sont composées d'entrelacs et de treillis dont les extrémités se terminent en général par des têtes d'animaux fantastiques. Elles se trouvent aux feuillets (recto ou verso) 6, 22, 31, 21, 51, 62, 75, 79, 88, 92, 95, 100, 105, 111, 116, 122, 126, 128, 131, 136, 143, 146, 153, 155, 157, 160, 164, 167, 182, 184 et 282. La plupart de ces lettres occupent la moitié des pages.

Le texte est calligraphié en lettres minuscules et les titres en majuscules de diverses couleurs. Le volume, un peu fatigué au commencement et à la fin, par suite d'un constant usage, comporte 236 feuillets, soit 472 pages.

18. **OFFICIA TOLETANA.** *Manuscrit* sur vélin, en 2 vol. in-fol., reliure à ais de bois recouv. de peau de veau. (*Incomplets du commencement et de la fin.*)

    Très-précieux manuscrit dont il est difficile de fixer l'âge, qui nous paraît être du IX° au XI° siècle. L'écriture wisigothique de chaque volume est assez relâchée. Le premier volume contient encore 170 feuillets de texte à deux colonnes en lettres minuscules, et majuscules pour les têtes de chapitre. Un grand nombre de lettres ornées et de lettres onciales se trouvent dans ce volume, mais leur caractère artistique laisse à désirer. Le deuxième volume est, au contraire, très-riche en lettres ornées, et, de plus, il contient 18 miniatures du plus barbare aspect. Ces miniatures représentent des personnages religieux dans des attitudes différentes; ils sont tous vêtus à l'orientale. Le dessin de ces miniatures est tout à fait primitif, ainsi qu'il est facile de s'en rendre compte par la reproduction d'un sujet qui accompagne cette notice. (*Voir fac-simile, pl.* 3, *n°* 1.) Ce deuxième volume comporte 161 feuillets de texte. Il est rempli de passages en musique de neumes, tandis que dans le premier volume on n'en trouve pas trace. Seulement, il nous paraît que certaines parties de chant sont indiquées par des espaces marqués en rouge, dans les lignes, entre des syllabes de mots.

19. **PSALMI ET HYMNI** et varia officia. *Manuscrit* sur vélin, in-fol., rel. à ais de bois recouv. de peau de v. (*Incomplet du commencement et de la fin.*)

    Manuscrit du X° au XI° siècle, sur vélin, d'une belle écriture wisigothique en lettres minuscules, et majuscules pour les titres. Il contient encore 201 feuillets de texte à deux colonnes. Les psaumes, hymnes et cantiques sont accompagnés de musique de neumes qui doivent être d'un grand intérêt à consulter, surtout en ce qui concerne les cantiques. Le volume est enrichi de 141 grandes lettres ornées d'une belle exécution (entrelacements et treillis), avec têtes d'animaux pour un grand nombre. (*Voir fac-simile, pl.* 5, *et n°* 3 *de la pl.* 2.) Quantité de lettres onciales peintes en dehors de ces lettres ornées.

20. **IN NNE DNI INCIPIT BREVIARUM** de toto circulo. *Manuscrit* sur vélin, fort in-fol., reliure à ais de bois recouv. de v.

    Manuscrit du X° au XI° siècle, écrit à deux colonnes en écri-

ture minuscule wisigothique. Les titres sont en lettres majuscules de plusieurs couleurs. Le texte, à deux colonnes, comporte 278 feuillets. Musique de neumes d'un bout à l'autre du volume, qui est incomplet de la fin et dont la conservation laisse à désirer.

21. HOMILIÆ P. P. ET ALIÆ INCOGNITÆ. *Manuscrit* en 2 forts et grands vol. in-fol., reliure à ais de bois recouv. de peau de mouton. (*Feuillets déchirés et manquants.*)

Précieux manuscrit sur vélin du X° au XI° siècle, calligraphié sur deux colonnes en écriture wisigothique, minuscule pour le texte et majuscule pour les titres des sermons, homélies et autres chapitres.

Le premier volume contient 559 feuillets numérotés en 1772. Il est enrichi de 224 lettres ornées sous forme d'entrelacements et de treillis d'une variété extraordinaire.

A la page 266 on remarque *une admirable miniature* en grisaille (*Voir pl.* 4.) donnant l'un des plus beaux spécimens connus de l'art à cette époque. Le sujet représente les trois saintes femmes auprès du tombeau de Jésus. Un guerrier se trouve debout et un autre étendu auprès du tombeau. Un ange domine la scène. Une miniature plus petite, d'un caractère étrange, figure au feuillet 386.

Le deuxième volume contient 770 feuillets de texte. Il est moins riche que le premier en lettres ornées, on n'en compte que 374; elles sont moins belles que dans le tome Ier.

Le texte de ces deux énormes volumes doit être du plus haut intérêt en raison de l'immense quantité de sermons de Pères de l'Église, connus et inconnus, qu'il contient.

22. IN NE DNI INCIPIT PROLOGUS BEA. HIERONIMI. *Manuscrit* sur vélin. Petit in-fol., rel. à ais de bois recouv. de peau de mouton.

Manuscrit du IX° au X° siècle, écrit sur deux colonnes en lettres minuscules avec titres des chapitres en lettres majuscules. 214 feuillets de texte.

PL. 3

Nº du Catᵍᵘᵉ 26.
Nº du Catᵍᵘᵉ 18
Nº du Catᵍᵘᵉ 26

2

1

3

Nº du Catᵍᵘᵉ 15

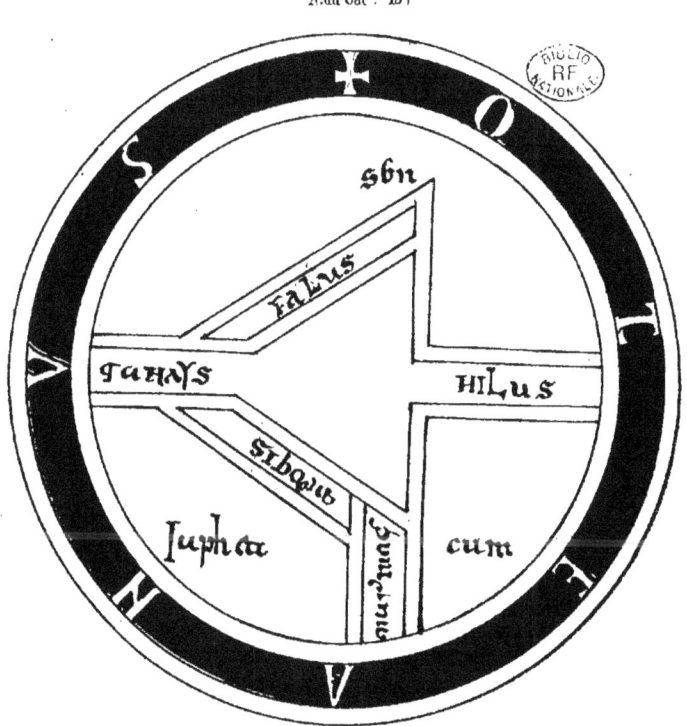
4

23. BREVIARIUM (incomplet du commencement et de la fin, feuillets coupés). *Manuscrit* sur vél. Pet. in-fol., rel. à ais de bois. (*Fatigué.*)

> Manuscrit du IX° au X° siècle, avec texte en lettres minuscules ; musique de neumes. 184 feuillets.

24. LIBER COMITUM (*sic*). Epistolæ et Evangeliæ. *Manuscrit* sur vélin. Petit in-fol., rel. à ais de bois recouv. de veau. (*Incomplet de la fin.*)

> Précieux manuscrit du IX° au X° siècle, en lettres wisigothiques minuscules et majuscules ; musique de neumes. Au commencement du volume se trouvent 10 feuillets ornés à pleines pages de frontispices d'aspect architectural. On remarque, en outre, dans le texte de l'ouvrage, environ 200 grandes lettres et bordures d'une ornementation très-variée, quoique composée de treillis et d'entrelacements.

25. SERMS varii et penitentiæ criminus. *Manuscrit* sur vélin. Petit in-4, rel. à ais de bois recouv. de veau. (*Incomplet.*)

> Manuscrit du IX° au X° siècle, écrit à longues lignes et contenant 324 feuillets de texte. Les titres des sermons sont calligraphiés en lettres onciales.

26. PSALTERIUS ET CANTICA (*sic*). *Manuscrit* sur vélin. Petit in-fol., rel. à ais de bois recouv. de v. (*Incomplet.*)

> Manuscrit du X° au XI° siècle, texte à longues lignes, contenant encore 122 feuillets. Nombreuses et belles lettres initiales peintes. (*Voir fac simile*, pl. 2, n° 5, et pl. 3, n°s 2 et 3.)

27. HOMILIÆ Sti Gregorii P. P. *Manuscrit* sur vélin. In-fol., rel. à ais de bois recouv. de v.

> Manuscrit du X° au XI° siècle, écrit sur deux colonnes en lettres wisigothiques minuscules, avec lettres onciales peintes. 134 feuillets de texte, sans commencement ni fin : à la suite du

134ᵉ feuillet on a relié avec ce volume 43 feuillets de format in-4°, contenant également des homélies de la même écriture et fort mal conservés.

28. BREVIARUM et Litaniæ. *Manuscrit* sur vélin. Petit in-fol., rel. à ais de bois recouv. de v.

> Manuscrit du IXᵉ au Xᵉ siècle, à deux colonnes, en écriture wisigothique minuscule; titres en lettres majuscules de couleur. 173 feuillets dont plusieurs coupés. Lettres initiales d'une ornementation barbare. Voir particulièrement la figure du feuillet 47 *verso*.

29. ORATIONES sanctæ. *Manuscrit* sur vélin, rel. à ais de bois recouv de v.

> Manuscrit wisigothique du IXᵉ au Xᵉ siècle, à deux colonnes. Il reste 115 feuillets de texte; le volume en devrait contenir beaucoup plus. Plusieurs feuillets rongés en marge.

30. Sententiæ SS. Patrum. *Manuscrit* sur vélin. Petit in-4, rel. à ais de bois recouv. de peau de v.

> Manuscrit du Xᵉ au XIᵉ siècle, en lettres wisigothiques minuscules; titres de chapitres en majuscules de couleur. Nombreuses grandes lettres initiales peintes, dont plusieurs avec figures d'un art tout primitif. Le texte comprend 143 feuillets à longues lignes : la fin manque.

31. Regula Sᵗⁱ Leandri. *Manuscrit* sur vélin. Petit in-4, rel. à ais de bois recouv. de peau de v.

> Manuscrit du Xᵉ au XIᵉ siècle, incomplet du commencement et de la fin.

32. Homélies de Sᵗ Grégoire, pape. *Manuscrit.* In-fol. sur vélin, v.

> Manuscrit du Xᵉ au XIᵉ siècle, dont une moitié est brûlée.

33. VOCABULARIUM latinum. *Manuscrit* sur vélin. In-4, v. (*Mouill. et incomplet.*)

> Manuscrit du XIᵉ au XIIᵉ siècle; texte à deux colonnes. Jolies lettres initiales peintes.

34. Dialogues de St Grégoire. *Manuscrit* latin, sur vélin. In-4, rel. à ais de bois recouv. de peau de v. (*Incomplet du commencement et de la fin.*)

 Manuscrit du Xe au XIe siècle, à longues lignes ; 183 feuillets de texte.

35. BREVIARIUM matutinale. *Manuscrit* sur vélin. Petit in-fol., rel. à ais de bois recouv. de v. (*Incomplet.*)

 Manuscrit du XIe au XIIe siècle. Le texte est calligraphié tantôt à longues lignes et tantôt sur deux colonnes, en lettres minuscules, avec notes et glose iterlinéaires. Quelques fragments de musique notée en neumes, surtout à la fin du volume, dont la conservation laisse à désirer.
 304 feuillets.

36. VOCABULARIUM (en lettres françaises). *Manuscrit* sur vélin. Petit in-4, rel. à ais de bois recouv. de peau de v. (*Incomplet.*)

 Très-curieux manuscrit d'origine française, du XIe au XIIe siècle.

37. VARIA SCRIPTA catholica. *Manuscrit* sur vélin. Petit in-4, rel. à ais de bois recouv. de peau de v.

 Manuscrit du XIIe siècle, précédé d'un encadrement d'une belle ornementation. Le texte est incomplet au commencement et à la fin ; ce qui reste contient 231 feuillets. Ces divers traités catholiques sont des plus intéressants à consulter, particulièrement celui du folio 196 ? *De corpore et sanguine Domini.*

38. CASSIANUS (Johannes). Collationes Patrum. *Manuscrit* sur vélin. Fort in-fol., rel. à ais de bois défaite. (*Incomplet et rongé sur les marges.*)

 Manuscrit du XIe au XIIe siècle, en écriture wisigothique, à deux colonnes, minuscule pour le texte et majuscule pour les titres des chapitres. 266 feuillets.

39. Sermones varii de B. Virgine. *Manuscrit* sur vélin, v. (*Rel. fat.*)

Manuscrit du XIIIe siècle, assez endommagé à la fin, mais curieux à consulter.

40. LEYES DE LA PARTIDA (anno 1241). *Manuscrit* sur papier. Petit. in-fol., v. m.

On lit en tête de ce volume : *Ds de la Libreria de manuscritos de la Camara Sta de Sto Domingo de Silos*. Nombreux feuillets rongés avec le texte enlevé. 340 feuillets.

41. GLOSA DECRETALES, en romance. *Manuscrit* sur papier. Petit in-fol., rel. à ais de bois recouv. de peau de v.

Précieux manuscrit du XIIIe siècle, en *langue espagnole*, écrit sur deux colonnes avec initiales et rubriques en lettres de minium. Il est incomplet du commencement et de la fin et rongé dans une grande partie de ses marges. Le texte qui reste comporte 250 feuillets.

42. SERMONES e. ad calcem tractatus utilissimus. *Manuscrit* sur vélin du XIVe siècle. In-4, rel. à ais de bois recouv. de peau de mouton. (*Mouill. et déchirures.*)

362 feuillets de texte (les quatre premiers ont été arrachés). La calligraphie est très-fine et sur deux colonnes.

43. Expositio Veteris Testamenti. *Manuscrit* sur vélin. Petit in-8, rel. à ais de bois recouv. de peau de mouton.

Ce manuscrit, du XIIIe au XIVe siècle, contient environ 100 feuillets de texte ; il n'y a ni commencement ni fin. Une table manuscrite datée de 1772 et placée en tête du volume indique les sujets traités.

44. Flores Sanctorum. *Manuscrit* sur vélin. In-8, rel. à ais de bois recouv. de peau.

Manuscrit du XIVe siècle, d'une belle écriture gothique ; texte à deux colonnes. Incomplet de la fin.

SCAESTLINIXIVTNVNQUO
NEADVENTUDNIQUDEST
XVHDCBRS

E

45. VOCABULAIRE LATIN. *Manuscrit* sur papier du XIVe siècle. Petit in-fol. vélin.

<small>Fragment comprenant les lettres H à T.</small>

46. POEMATA in universum grammatic. *Manuscrit* sur vélin. In-4, rel. à ais de bois recouv. de peau de v.

<small>Poëme très-curieux du XIVe siècle, écrit en gothique sur une seule colonne. Il contient 62 feuillets de texte, dont les premiers sont abîmés et déchirés, ainsi que les derniers. De nombreuses et intéressantes notes d'une écriture plus moderne couvrent une partie des marges.</small>

47. GREGORIUS IX, PAPA. Incipit liber decretalium, cum glossa. *Manuscrit* Gr. in-fol., rel. à ais de bois recouv. de v. estampé.

<small>Beau manuscrit sur vélin du XIVe siècle. Le texte, en belle gothique, est à deux colonnes, et les commentaires, du commencement à la fin du volume, sont calligraphiés sur des marges autour de ce texte.

Cinq miniatures sur fond d'or, d'un dessin hardi et d'une parfaite conservation, enrichissent le commencement de chaque livre. Un très-grand nombre de belles lettres onciales peintes et rehaussées d'or sont réparties dans le texte : plusieurs de ces lettres contiennent des personnages religieux. Il manque un feuillet à la fin du troisième livre.</small>

48. LOMBARDUS (Petrus) novariensis. — Glossa Psalterii Davidii, etc. *Manuscrit* sur vélin. Petit in-4, rel. à ais de bois recouv. de v., avec anciens ferrements.

<small>Manuscrit du commencement du XVe siècle, à deux colonnes, écriture gothique. 263 feuillets de texte. Un feuillet enlevé entre les feuillets 80 et 81.</small>

49. RECUEIL DE SERMONS en latin. *Manuscrit* sur papier. In-fol., rel. à ais de bois recouv. de v. estampé.

<small>Manuscrit du XVe siècle, écrit sur deux colonnes et contenant 286 feuillets de texte, y compris la table.</small>

50. BONIFACIUS, PAPA VIII. Liber decretalium. *Manuscrit* sur vélin. In-fol., rel. à ais de bois recouv. de p. de v.

> Ce manuscrit est du milieu du XVe siècle ; il est calligraphié avec beaucoup de soin sur deux colonnes. Nombreuses lettres onciales dans le texte, qui comporte 154 feuillets.

51. Sermones et Flores Sanctorum. *Manuscrit* sur vélin. In-8, rel. à ais de bois recouv. de p. de m. (*Incomplet.*)

> Manuscrit du XVe siècle. 144 feuillets.

52. GLOSSA JURIS. *Manuscrit* sur papier, du XVe siècle. 4 vol. in-fol., rel. de diverses grandeurs.

53. Missale. *Manuscrit* sur vélin. Petit in-4, v. estampé. (*Rel. fat.*)

> Manuscrit du XVe siècle, d'une très-belle écriture gothique rouge et noire. Lettres initiales peintes ; musique de plain-chant à la fin du volume.

54. Officium... *Manuscrit* sur vélin. In-4. (*Dérelié.*)

> Manuscrit du XVe siècle, avec nombreuses lettres onciales peintes.

55. LIBER ORATIONU, et epistolar., atque evangeliorum, que diebus principalibus dicuntur tâ in dominicali quam in festivitatibus sanctori. Prout in sequenti pagina plenius continentur. *Manuscrit* du XVIe siècle. In-fol., rel. à ais de bois recouv. de velours rouge, avec coins et milieux en argent repoussé d'un beau style.

> Manuscrit sur peau de vélin, orné au commencement d'une grande peinture due à un artiste espagnol. Le texte, calligraphié dans le genre des manuscrits de Jarry, est entouré d'encadrements rehaussés d'or ; il est rempli de jolies lettres onciales peintes avec goût. On lit au-dessous du titre :
> *Scripsit frater Martinus de Polentia monachus S. Æmiliani Monasterio S. Dominici Silencis.*

De mandato admodum Reverendi Patris Fratris Alfonsi de Figueroa Prioris S. Martini de Madrid. Anno 1587.

56. Apio de los bienes q. pertenecen a Pedro Hortega Cerezo y Torquemada. *Manuscrit* sur papier broché. (*Feuillets mouillés et déchirés.*)

   Manuscrit daté de la ville de San Domingo de Silos, en Castille, 1549. Belle écriture gothique.

57. CHRONICA de el Rey Dⁿ Henrique IV, escrita pʳ su chronicaro el L. Diego Henrriquez del Castillo. *Manuscrit* du XVIIᵉ siècle, sur papier. Petit-in-fol. vélin.

58. LIBER TAXARUM ecclesiarum et monasterium omnium. *Manuscrit* sur papier, du XVIIᵉ siècle. Petit in-fol. vélin.

59. CRONICA de Alonzo de Palencia. *Manuscrit* sur papier, du XVIIᵉ siècle. Petit in-4, vélin. (*Mouillures.*)

60. Chronica de Dⁿ Henrrique IV. *Manuscrit* du XVIIᵉ siècle, sur papier. Petit in-fol., vélin.

61. HISTORIA de los Reyes de Navarra, por Ramirez de la Piscina. *Manuscrit* sur papier du XVIIᵉ siècle. Petit, in-fol., vélin, ornements dorés sur les plats. (*Nombreux feuillets pourris et déchirés à la fin.*)

   Manuscrit du XVIIIᵉ siècle, dont le texte, bien calligraphié, imite les caractères d'imprimerie. Jolies lettres ornées et figures peintes.

62. Præparatio ad missam Pontificalem. *Manuscrit* sur vélin. In-fol., d.-rel.

   Dissertations héraldiques très-curieuses non-seulement sur les armes des grandes familles castillanes, mais encore sur celles de beaucoup de maisons d'Europe.

63. Blasones et gran parte de las armas de los Nobles... *Manuscrit* du XVIIIe siècle, sur papier. Petit in-fol., v.

64. Salazar. Relacion curiosa de lo que paso en Madrid, ano de 1705. *Manuscrit* sur papier, du XVIIIe siècle. Petit in-fol., vélin.

65. Memorias historicas y legales. *Manuscrit* sur papier, du XVIIIe siècle. Petit in-fol. vélin.

> Recueil important de documents historiques sur l'Espagne, et notamment sur l'origine et autorité du Conseil de Castille.

66. Galindez Carabayal. Historia de los Rey^s Catholico. *Manuscrit* sur papier, du XVIIIe siècle. Petit in-fol., vélin.

67. Libro de la Obra de la Yglesia de S^{ti} Banez del Val, y da principio el dia diez de Julio de ano de 1779, siendo abad del real monast^o de S^{to} Domingo de Silos, etc. *Manuscrit* sur papier, du XVIIIe siècle. Petit in-fol., vélin.

68. Appringij episcopi Pacencis in Lusitania. Expositio in Apocalypsim. *Manuscrit* sur papier du XVIIIe siècle. Petit in-fol. vélin.

> A la suite, un autre traité du même auteur, contenant 280 feuillets.

69. Lectionarium et Flores SS. *Manuscrit* sur vélin. In-8, rel. à ais de bois recouv. de peau de v. (*Incomplet du commencement et quelques ff. rongés.*)

> Manuscrit en lettres gothiques du XIVe siècle.

A PARIS

DES PRESSES DE D. JOUAUST
Imprimeur breveté

RUE SAINT-HONORÉ, 338

MDCCCLXXVIII

www.ingramcontent.com/pod-product-compliance
Lightning Source LLC
Chambersburg PA
CBHW060459050426
42451CB00009B/724